AF336869

PREMIÈRE ÉPITRE

AUX

HOMMES DE BONNE VOLONTÉ,

PAR

LE CITOYEN FIRMIN PRUD'HOMME,

MÉDECIN.

Frères, beaucoup d'entre vous ont déjà secoué le joug de la superstition sous lequel les dominateurs de la terre voulaient écraser la pensée... dégagez-vous aussi des liens de la débauche; c'est encore dans un but d'abrutissement intellectuel que les maîtres de ce monde ont laissé pulluler les maisons d'intempérance et de prostitution.

(Page 14.)

PRIX : 30 CENTIMES.

Se trouve chez l'Auteur, rue Mazarine, n° 47.

PARIS.

J.-B. GROS, IMP. DE LA COUR D'APPEL ET DES TRIBUNAUX,

RUE DU FOIN-SAINT-JACQUES, 18.

1848.

Il y a déjà plusieurs années, à l'époque des dernières luttes des chrétiens d'Orient contre l'Islamisme, — un des meilleurs peintres de l'école française, Scheffer, inspiré par l'Evangile, fit paraître son admirable tableau du *Christ consolateur*. Le souvenir que j'éprouvai, à la vue de cette touchante peinture, m'émotionne encore, et tous ceux qui, comme moi, ont eu le bonheur de l'admirer, au Louvre, savent combien de temps la foule émerveillée restait en présence du libérateur des peuples, dont les traits divins n'avaient jamais été représentés avec tant de mansuétude et de simplicité majestueuse.

Ils savent aussi avec quel recueillement religieux cette foule se retirait de sa contemplation....; comme la gravité était empreinte sur tous les visages....; comme dans tous les yeux étincelait la haine du despotisme, et comme tous les cœurs palpitaient d'espérance pour un avenir meilleur.

Autour de la tête rayonnante du Christ se lisaient ces paroles d'Isaïe, dictées par l'Esprit-Saint et que le Rédempteur du monde s'appliqua dans le temple de Jéhovah, lorsqu'il commença sa mission providentielle : *Je suis venu au monde pour guérir ceux qui ont le cœur brisé et annoncer la délivrance aux captifs.*

Ces paroles révolutionnaires, cette peinture admirable, ce divin consolateur brisant d'une main les chaînes des esclaves et tendant l'autre aux souffreteux et aux affligés de la terre...; ces femmes pleurant sur leur premier-né que leur mamelles desséchées n'ont pu nourrir....; ces différents peuples dans l'attitude de la douleur et de la supplication....; ces martyrs de l'Eglise primitive, les yeux fixés sur le Sauveur et semblant lui dire : *leur espérance n'est qu'en toi!*....; tout l'ensemble de cette composition sublime a laissé dans mon esprit un souvenir ineffaçable.... Dès cette époque tout mon être a été remué, toute ma pensée a été subjuguée, et dans mon enthousiasme, je me suis écrié : Je veux être aussi, comme Scheffer, un nouvel apôtre de J.-C., comme lui je prêcherai l'évangile...., comme lui j'annoncerai le royaume de Dieu et sa justice !

Quatorze ans se sont passés, au milieu de la corruption, dans des combats infructueux.......

Aujourd'hui, le moment du succès est-il venu?.... Serai-je entendu?.... La voix d'un pauvre évangéliste dominera-t-elle le rugissement de la tourmente politique? Hommes de bonne volonté, c'est à vous que je m'adresse, écoutez-moi donc.

AU GÉNÉRAL CAVAIGNAC,

CHEF DU POUVOIR EXÉCUTIF,

Président du Conseil des Ministres de la République française.

GÉNÉRAL,

Dans notre société purement matérielle, où la foi jusqu'à présent *a été imposée*, le sentiment religieux n'existe que peu ou point, et les mauvaises passions n'ayant aucun frein, la guerre est une horrible nécessité..... Mais combien nous devons bénir la Providence, lorsque nous voyons apparaître au milieu de nos luttes intestines des hommes qui, comme vous, savent les faire cesser par l'énergie et la douceur.

Général, votre conduite, dans les tristes événements qui viennent d'ensanglanter encore une fois Paris, a été admirable, elle est au-dessus de tout éloge.... L'assemblée nationale a décrété que vous aviez bien mérité de la patrie, et la patrie, à son tour, décrète que vous avez bien mérité de l'humanité.

Au nom de Jésus-Christ, chef de l'humanité, continuez, général, l'œuvre civilisatrice que vous avez si bien commencée.... Comprimez par votre science et par votre fermeté l'anarchie prête encore à se ranimer à la voix de la corruption.... Faites, oh! nous vous en supplions, que l'intrigue, le manque de travail et la faim ne mettent plus d'armes fratricides entre les mains de citoyens égarés.................... Par la grande influence morale que vous donne votre noble caractère, travaillez aussi à ce que la constitution qui s'élabore en ce moment d'attente suprême s'établisse sur les principes sacrés de la pure démocratie.

Général, soyez pour la France ce que fut pour l'Amérique du nord l'immortel Washington : LE PÈRE DE LA PATRIE.

Agréez, je vous prie, général, l'assurance de mon respectueux dévouement.

Votre humble concitoyen,

F. PRUD'HOMME.

Lorsque l'humble prolétaire de Nazareth, lorsque Jésus-Christ, de glorieuse mémoire, fit entendre ces paroles retentissantes : Je suis venu au monde pour guérir ceux qui ont le cœur brisé, et annoncer la délivrance aux captifs, Satan et ses anges, l'orgueil, le mensonge et l'avarice poussèrent un cri de rage, auquel les échos des rives infernales répondirent...... Mais les peuples..... oh !..... les peuples tressaillirent d'allégresse, et dans la joie de leur cœur, ils entonnèrent des hymnes d'actions de grâce et s'écrièrent, sur le passage du Christ : Hosannah !... salut et gloire !...béni soit celui qui vient au nom de l'Éternel.

Conduit par le même esprit de vérité et d'amour qui jadis guidait le libérateur des nations à travers les campagnes de la Judée, je viens au milieu de vous, frères, apporter des paroles de foi, d'espérance et de charité....., vertus inséparables, sans lesquelles rien n'existe et sans lesquelles aucune forme gouvernementale ne peut s'établir ;

Des paroles de foi, en vous faisant comprendre d'une manière logique, intelligente, les rapports spirituels qui existent entre vous et le Créateur, en vous apprenant à voir Dieu dans ses œuvres, à y découvrir cette sollicitude providentielle qui s'étend sur tous les peuples de la terre......; en vous rappelant au culte simple, rationnel et démocratique de l'Evangile ; en vous apprenant à aimer, à invoquer le Dieu qu'il enseigne, ce Dieu d'amour, ce seul vrai Dieu qui fait lever son soleil sur le juif comme sur le chrétien et qui répand sa rosée sur la terre du bonze aussi bien que sur celle du brame ;

Des paroles d'espérance, en vous apprenant à reconnaître la manifestation divine dans le développement du progrès intellectuel et social qui déborde de toute part, malgré la résistance impie du despotisme et de l'hypocrisie ; en vous guidant du milieu des écueils nombreux où vous ont conduit d'inhabiles pilotes vers le port du salut moral.... ; et enfin, en tournant vos regards vers la montagne sainte d'où commencent à jaillir les premiers rayons du soleil de justice ;

Des paroles de charité, en vous enseignant à devenir chrétiens, c'est-à dire des hommes de paix et de dévoûment qui, quoique nés et élevés dans les différents cultes qui divisent l'humanité et qui s'anathématisent entre eux, n'ont point laissé corrompre leur cœur ni séduire leur esprit par les haines et les préjugés de sectes, et qui, se pénétrant des enseignements de Jésus-Christ, sentent et comprennent qu'il ne peut y avoir aujourd'hui pour l'humanité entière d'autre communion que celle de LA LIBERTÉ, DE L'ÉGALITÉ ET DE LA FRATERNITÉ.

Fraternité, douce et sainte vertu !.... tu es la science par excellence, parce que tu es celle qui instruit et régénère le cœur ; tu es la science par excellence, parce que sans toi la perfection sociale est impossible ; le règne de la raison n'arrivera jamais ; les préjugés domineront toujours, et toujours nous serons les esclaves de l'orgueil et de l'égoïsme, de la haine et de la jalousie ; passions basses, ignobles, qui ravalent, qui dénaturent le cœur de l'homme, cet être puissant, mystérieux !.... que Dieu a façonné à son image, comme lui, créateur......, comme lui, connaissant le bien et le mal, pouvant opter entre ces deux principes opposés et pouvant devenir *semblable* à son père céleste en marchant comme lui continuellement dans la voie de la perfectibilité.

Oui, hommes de bonne volonté, nous avons comme êtres intelligents trois vertus démocratiques à pratiquer : la foi, l'espérance et la charité...... Mais la plus grande de toutes, celle qu'il nous importe le plus de connaître et de mettre en action, c'est la charité ; c'est la fraternité ; c'est l'amour de nos semblables ; les deux autres, sans celle-ci, ne sont que des vertus de parade. La foi, sans les œuvres, est une foi morte qui glace et flétrit le cœur. La foi, sans les œuvres, n'est jamais accompagnée de l'espérance, cette vertu de consolation qui répand son baume bienfaisant sur toutes les plaies morales, sur toutes les infirmités de l'esprit et du cœur. Dites-moi, mes frères, dites-moi, dans l'ordre social, tel qu'il existe encore, celui qui pouvant faire le bien, celui qui, par sa position élevée ou par ses richesses, pouvant venir à l'aide de ses concitoyens malheureux, les néglige, les abandonne, les oublie, quelle espérance peut-il avoir, je vous le demande ; comment peut-il croire, s'il admet le dogme sacré de l'immortalité de l'âme, comment peut-il croire, dis-je, que le Dieu de bonté et de justice, qui lui fait un commandement absolu d'aimer son prochain comme lui-même, l'admettra au banquet de la vie éternelle, lorsqu'il paraîtra dans la salle du festin avec une robe crasseuse d'avarice et puante d'égoïsme? Non...., non, le bonheur dans ce monde et dans l'autre n'est que pour ceux qui aiment, n'est que pour ceux qui sentent palpiter leur cœur, émouvoir leur pitié, non point seulement à la vue des misères de leurs semblables, mais au simple récit d'une infortune quelconque.

La charité est la vertu de tous : elle peut être aussi bien pratiquée par le pauvre que par le riche, par l'ignorant que par l'homme savant..... Oui, mes frères, oui, pauvres déshérités de ce monde, le royaume du ciel peut devenir, si nous le voulons, dès à présent notre partage ; nous pouvons activer sur la terre où nous sommes, le règne de Dieu et sa justice : pour cela nous n'avons qu'à donner avec joie un verre d'eau, un seul verre d'eau, à notre frère qui nous le demande..., donnons..... donnons...., aimons-nous.... aimons-nous..., et les fléaux qui désolent cette terre disparaîtront pour toujours..., et la fureur des combats n'arrachera plus des bras d'une mère éplorée ou d'une fiancée chérie, le jeune homme à peine sortant de l'adolescence..., la famine et la peste ne décimeront plus les populations chez lesquelles la guerre étendait ses ravages...., les terrains incultes se couvriront de gras pâturages où bondiront de joyeux troupeaux...., les montagnes élevées dont la crête inaccessible est couverte d'éternels frimats, ne serviront plus de frontières ni de remparts à des peuples différents, leurs flancs caverneux s'ouvriront et livreront passage à des hommes désireux de se connaître et de s'aimer...., l'antique et orgueilleuse tour de Babel s'écroulera et la confusion des langues disparaîtra avec les haines et les préjugés du siècle..... Citoyens, hommes de bonne volonté, aimez-vous..... aimez-vous...., et lorsque vous aurez laissé votre corps périssable à côté des ossements des générations précédentes, lorsque, sous une enveloppe incorruptible et spirituelle, marqués au front du sang précieux de J.-C., vous marcherez triomphants vers les portes du séjour de lumière, les sentinelles avancées de l'armée séraphique feront entendre leur cri de joie, car elles auront reconnu en vous les amis et les frères du vainqueur des dominateurs de la terre...., des tyrans de ce monde.

La charité est certainement la première de toutes les sciences ; mais il en est d'autres aussi qui concourent au bien-être de la sociabilité et qu'il est nécessaire de connaître. Dans un gouvernement démocratique bien établi, l'esprit des masses doit être cultivé...., c'est par le cœur et l'intelligence que les hommes doivent être conduits..... Il n'y a que les despotes qui prétendent gouverner les peuples par la corruption des mœurs et l'abrutissement intellectuel. En parlant ici de sciences, je ne veux point, citoyens, vous désigner ces connaissances superficielles dont se pavanent et se glorifient quelques esprits médiocres qui comptent pour beaucoup l'étude de quelques langues oubliées, la connaissance d'une jurisprudence bâtarde que quelques nations sauvages auraient honte de mettre en pratique, la théorie vacillante d'un art qui n'est assis que sur le sol mouvant de l'hypothèse et la métaphysique obscure, déréglée, d'une théologie dont les résultats ont été jusqu'à présent si funestes à la société humaine; mais la science dans laquelle il faut que nous avancions, est une science de logique, une science de calcul, une science exacte enfantée par la réflexion et l'expérience. La langue qu'il est nécessaire pour nous de connaître, est d'abord la nôtre, la langue française que beaucoup d'entre nous ignorent, cette langue riche et harmonieuse qui se parle sur tout le globe et dans laquelle ont écrit les plus grands apôtres de l'humanité et les plus grands philosophes des temps modernes..... Ensuite les langues allemande et anglaise, qui ont entre elles une sorte d'affinité et dont se sont servi de profonds écrivains et d'immortels génies; la connaissance de ces trois langues vous donnera une universalité, une *catholicité* plus réelle, plus positive que ne pourront jamais le faire le grec et le latin ; car, en vérité, en vérité, je vous le dis, hommes de bonne volonté, le moment approche où les trois grands peuples qui parlent ces trois langues différentes ne formeront plus qu'une seule et même famille..... Ouvriers, éclairez vos intelligences, et les hommes qui exercent les professions prétendues savantes n'auront plus le droit de vous regarder avec dédain, ou, s'ils l'osent encore, vous leur direz, vous travailleurs : nous sommes plus que vous, nous sommes les pères nourriciers de la patrie, nos professions sont nées du besoin pour l'utilité commune, et les vôtres, docteurs en tous genres, les vôtres ne vivent que de nos vices et de notre ignorance..... Instruisez-vous..... instruisez-vous, et votre foi ne sera plus chancelante, et votre culte sera raisonnable, débarrassé de toute idée grossière et superstitieuse....; éclairez vos intelligences, et au lieu d'aller les jours du repos chercher un oubli à vos maux et à vos misères dans les abrutissantes joies de l'ivresse et de l'intempérance, vous irez retremper vos pauvres âmes endolories dans les sublimes élans de la prière et dans les douces jouissances de l'étude morale..... Ouvriers, prolétaires, souffreteux de ce monde, instruisez-vous, instruisez-vous, et les sangsues qui sucent votre sang et les charlatans qui exploitent votre crédulité disparaîtront pour toujours.

A différentes époques l'homme, en éclairant son esprit, en épurant son cœur, s'était rapproché de la source divine où il avait puisé la vie ; il commençait à comprendre Dieu, à sentir le bonheur qui découle de lui ; mais l'ennemi du genre humain appela à son aide les plus horribles suppôts de l'enfer ; l'orgueil, le mensonge et l'avarice accoururent à la voix de l'ange des ténèbres..... la raison, cette sainte lumière qui éclaire tout homme venant au monde, fut obscurcie, et la barbarie reparut sur la terre...... Ainsi s'anéantirent les antiques civilisations de l'Égypte, de la Grèce et de l'Italie.

Cependant, citoyens, ces antiques civilisations, quoique ayant vu naître au milieu d'elles des hommes illustres en tous genres, étaient toujours imparfaites. La société était encore, à ces époques reculées, divisée en deux classes distinctes : en maîtres et en esclaves. La révolte et la perturbation étaient la conséquence inévitable d'un pareil ordre de choses. Depuis l'existence du monde, aucun homme de cœur et de génie n'avait encore pris en main la défense des opprimés. A de rares intervalles, quelques âmes droites, quelques esprits intelligents comprenaient que cette sociabilité n'était point établie sur des décrets providentiels, et que certainement un temps arriverait où le père des nations ferait naître un libérateur, un homme ayant mission divine pour consoler, instruire et faire avancer. La protestation démocratique de l'antiquité se trouve renfermée dans quelques écrits épars auxquels il est impossible d'assigner une date exacte... Le livre de Job, le plus ancien de ces écrits, nous fait une sombre peinture des maux qui, dès cette époque, affligeaient l'humanité. Il nous décrit aussi sa patience, sa résignation et sa foi en un rédempteur qui viendra lui-même changer la face de la terre. Les livres d'Isaïe, de Daniel, d'Ezéchiel et un grand nombre d'autres auteurs juifs, grecs et romains, pressentent et prédisent l'arrivée d'un libérateur, d'un homme divinement inspiré qui viendra attaquer le despotisme et le mensonge, et qui donnera généreusement sa vie pour appuyer la vérité de la doctrine de liberté et de fraternité, qu'il sera venu enseigner aux hommes de bonne volonté.

Il y a dix-neuf siècles, citoyens, que ces saintes et mystérieuses prédictions se sont accomplies dans la personne de Jésus-Christ, le divin rédempteur du monde. A sa voix puissante, la nation juive, qui gémissait sous le double poids du despotisme romain et du pharisaïsme sacerdotal, tourna sa face vers lui et le salua du nom d'envoyé céleste. Il accepta ce titre et remplit courageusement la mission qu'il imposait. Il attaqua en face l'hypocrisie des prêtres d'Israël ; il les accusa d'avoir altéré, défiguré la loi de Dieu, de s'être emparé de la clef de la science et de ne pas avoir su en profiter eux-mêmes. Il reprocha aux puissants et aux riches leur avarice et leur dureté de cœur, et leur annonça formellement que tant qu'ils aimeraient mieux les faux honneurs de ce monde et les richesses que leurs semblables, ils n'entreraient jamais dans le royaume de Dieu, et que le ver rongeur qui les avait atteints dès ce monde les suivrait éternellement au-delà du sépulcre. Alors ils se liguèrent contre lui, les fourbes et les cupides; ils lui firent un crime d'avoir voulu renverser l'ordre social en cherchant à remplacer la force brutale par la force morale, l'ignorance superstitieuse par la foi intelligente..... Les temps n'étaient point encore venus..... Jésus-Christ devait succomber..... Il succomba donc....., mais il ne descendit point tout entier dans la tombe : son esprit survécut; ses disciples, animés par lui, répandirent sa doctrine, prêchèrent ses maximes, et, se modelant sur leur maître, donnèrent généreusement leur vie pour le triomphe de la vérité et de la liberté. Malgré l'opposition la plus cruelle, la société chrétienne se forma sur les bases impérissables de l'amour de Dieu et du prochain. Plus de riches, plus de pauvres parmi eux; aucun d'eux ne nourrissait ses chiens avec du pain blanc, tandis que quelques-uns de leurs frères mouraient de faim, comme il arrive tous les jours dans notre société prétendue chrétienne..... Ceux qui avaient de l'intelligence, la mettaient au service de ceux qui en étaient dépourvus; ceux qui avaient de la force aidaient les faibles; ceux qui avaient de la vertu l'enseignaient à ceux qui en étaient privés; je vous le dis en vérité, frères, tout était en commun parmi eux... Aussi étaient-ils forts et vraiment puissants; aussi, quoique en petit nombre, l'univers tremblait devant eux.

La communauté de l'Eglise chrétienne primitive n'était point semblable à celle que paraissent rêver quelques utopistes de nos jours..... quelques hommes honorables, sans doute, à cœur généreux, j'aime à le croire, mais qui bâtissent sur le sable, en ce qu'ils ne font pas la part de chacun, en ce que leur édifice ne me semble point assis sur les bases de la justice et de la raison.

La justice est cette vertu d'ordre et de solidarité bien comprise qui rend inviolable et sacrée pour nous la personne et les biens de nos concitoyens. L'homme seul est maître de lui-même. C'est pour se mettre en sûreté contre les ennemis de son espèce qu'il vit en société. Ainsi, le véritable esprit de la sociabilité a pour but unique d'assurer à chacun la jouissance de son *individualité*, le libre exercice de ses droits légitimes, naturels, et la possession des biens que son industrie et son travail lui rendent propres.

La justice ne doit pas être exceptionnelle, la loi du plus fort ne doit pas être imposée au plus faible, sans cela il y a souffrance dans le corps social, qui, pour revenir à l'état normal, s'agite et provoque ces crises souvent si fatales; pour les prévenir, pour empêcher ces perturbations quelquefois si épouvantables, il faut que la justice soit unie à la raison, afin que de cette sainte alliance naisse l'équité, vertu de charité et d'amour, qui remédie à l'inégalité que la nature a mise entre les hommes, qui met un frein à la force, qui protége le faible contre le puissant, le pauvre contre le riche; qui met tous les membres de la même société dans la possibilité réelle de travailler à leurs intérêts réciproques, qu'elle sait limiter et soumettre rigoureusement à l'intérêt général, duquel l'intérêt particulier ne saurait jamais se séparer sans le plus grand danger.

C'était donc sur des bases semblables que les chrétiens primitifs avaient établi leur communauté..... Aussi chez eux les liens de la famille et de la fraternité étaient-ils resserrés par la pratique des plus douces et des plus saintes vertus..

Cependant le despotisme ne voyait qu'en frémissant de rage

le règne de l'équité s'établir de nouveau sur la terre. Pour empêcher l'union chrétienne de devenir universelle, il abandonna la violence qu'il avait vainement employée et eut recours à la ruse; il se dit chrétien, pénétra dans la société des disciples du Sauveur, séduisit ou exila les plus influents d'entre eux; porta sa main impie sur la foi de nos pères, y substitua les erreurs et les fictions du paganisme..... Alors, encore une fois le mensonge remplaça la vérité; le vice, la vertu, et le glaive de la destruction la parole de vie.

Tant que les anciens ou évêques furent simplement des chefs spirituels qui guidaient les chrétiens dans la pratique des vertus et dans l'étude des sciences, en se montrant eux-mêmes vertueux et savants, la paix, l'union et la charité régnèrent dans la société chrétienne; mais du moment où l'ambition s'empara de ces guides moraux; du moment où, oubliant les enseignements du maître, qui recommande expressément à ses disciples *de ne point imiter les maîtres de la terre qui gouvernent les nations avec une verge de fer et qui prennent sur elles un pouvoir absolu.....*; du moment où la hiérarchie purement spirituelle, établie sur l'intelligence et l'amour, disparut pour faire place à la hiérarchie matérielle, basée sur l'orgueil, la ruse et la force brutale.....; oh! alors, vous le savez, hommes de paix et de bonne volonté, depuis cette triste époque, l'ignorance et la barbarie étendirent leur empire sur la terre........ Mais passons l'éponge sur les tristes pages de l'histoire de ces temps d'impiété et de sacrilège, où de prétendus chrétiens s'entr'égorgeaient en tenant d'une main un glaive fratricide, et de l'autre l'image du Sauveur des hommes..... Oublions ces époques à jamais désastreuses, et remercions le Père des miséricordes d'avoir suscité du milieu de ces faux docteurs de la loi des hommes à conviction profonde, à courage énergique, qui par les armes apostoliques de la parole et de la vertu combattirent avec avantage la fraude et l'erreur, et préparèrent le règne de l'émancipation politique et religieuse.

Mânes des réformateurs des derniers siècles, soyez bénis, car votre ouvrage avance; car, grâces à vos saints efforts, l'époque n'est pas éloignée où nos enfants, et peut-être nous-mêmes, cueillerons le fruit de l'arbre évangélique. Oui, citoyens, oui, frères, nous sommes à la veille de voir terminer la grande lutte engagée depuis tant de siècles entre les enfants de lumière et ceux des ténèbres..... Dans la plénitude de sa bonté, notre Père céleste nous a donné des armes qui doivent nous rendre victorieux : ces armes ne sont point de fer ni d'acier; elles ne sont point forgées avec le secours de l'enclume et du marteau; mais elles sont spirituelles, intelligentes.....; elles ont été façonnées par l'esprit au feu ardent de la pensée!..... Oui, hommes de bonne volonté, l'orgueil et le mensonge ne peuvent plus pactiser pour longtemps avec Satan, le maître de ce monde; la presse est là qui le leur défend...... L'imprimerie, cet art divin, ce sel sacré qui nous conserve pures et sans altération les paroles de vie et de pure démocratie, renfermées dans l'Evangile....; l'imprimerie, qui doit faire passer jusqu'à la postérité la plus reculée les écrits des véritables savants, de ces hommes inspirés que le créateur des mondes sait, quand il lui plaît, faire naître au milieu des peuples, pour consoler, instruire et faire avancer.

Voyez les princes de la terre qui, pour me servir du langage du Sauveur, tremblent déjà de frayeur dans l'attente des maux qu'ils ont eux-mêmes préparés..... Voyez....., ils avaient parqué l'humanité...., comme les bouchers pour reconnaître leur bétail; ils avaient mis au front des différentes grandes familles, qu'ils avaient rassemblé sous leur domination, les noms de Français, d'Anglais, d'Allemand; ils avaient corrompu leur cœur en faisant naître entre elles des préjugés nationaux qui les rendaient ennemies, qui les portaient à se faire des guerres cruelles dont elles ne recueillaient pour fruits que la misère, la famine et la peste; mais la semence de fraternité, répandue par les martyrs de l'Eglise chrétienne, fera croître, n'en doutons pas, sur toute la terre habitable l'arbre sacré de la liberté dont les magnifiques rameaux ombragent déjà une partie de l'Amérique du nord..... Oui, malgré le démon des batailles dont le despotisme est toujours animé....., la paix se maintiendra parmi les peuples éclairés de la lumière évangélique, et bientôt les barrières morales qui les divisent vont être écrasées, broyées sous les roues des locomotives.....; oui, je le répète, bientôt l'Europe entière fraternisera.

Mais, pour que cet état de choses se réalise promptement, pour activer le règne de Dieu sur la terre, il fant que nous ayons foi et confiance en lui; il faut que nous lui montrions notre reconnaissance par notre union, par notre charité, par le pardon envers nos ennemis..... Enfants de l'Eternel, que le chaos disparaisse.....; que la confusion se dissipe, et l'œuvre de notre père céleste s'accomplit..... Ce n'est point en se modelant sur les enfants des ténèbres que ceux appelés enfants de lumière se montreront supérieurs à eux.....; ce n'est point en imitant leur violence et leur fanatisme, qu'ils pourront se poser dans le monde comme les amis de la concorde et de la raison.....; mais c'est seulement en apprenant à se servir des armes spirituelles dont je vous ai parlé, que nous pourrons combattre victorieusement les puissances occultes qui depuis si longtemps sèment l'ivraie dans le champ du père de famille.....; c'est avec le secours de la foi intelligente que nous nous dépouillerons tous de ce culte idolâtre, de ces croyances superstitieuses enseignées par les religions d'Etat, que la diplomatie des maîtres de la terre a créées dans le but sacrilège d'étouffer la raison humaine..... Oui, c'est avec le secours des doctrines purement démocratiques que nous parviendrons à établir d'une manière durable le règne de Dieu parmi les nations, ce règne si désiré, dans lequel nous verrons naître des hommes de paix et d'intelligence qui nous conduiront à la conquête de l'égalité et de la fraternité par la pratique des plus douces et des plus aimables vertus, tandis que le règne de la force brutale ne nous a montré jusqu'à présent que des hommes violents, que des dévastateurs terribles, que l'adulation appelle conquérants, héros, demi-dieux ....

....

Il est temps, citoyens, d'ouvrir les yeux sur vos intérêts moraux et politiques.....; il est temps, croyez-moi, de ne plus choisir en aveugles ceux qui doivent vous servir de guides....; votre souveraineté vient d'être proclamée, vous pouvez nommer parmi vous vos législateurs et vos magistrats.....; soyez prudents dans votre choix.....; soyez calmes dans l'élection.....; ne vous laissez point séduire par la parole doucereuse de ces hommes qui viennent à vous couverts de la peau de brebis et qui, au dedans, sont des loups dévorants : vous les reconnaîtrez à leurs fruits..... *Cueille-t-on des figues sur des ronces, et des raisins sur des chardons?*

Et vous, élus de la France.....; et vous, citoyens représentants, vous êtes presque tous chrétiens.....; presque tous vous regardez Jésus - Christ comme législateur suprême...... Eh bien ! au nom de cet *Homme-Dieu,* descendez en vous-mêmes..; interrogez votre conscience; n'allez pas chercher vos inspirations gouvernementales dans des décrets formulés dans un but d'oppression ; mais éclairez-vous du flambeau de l'Evangile......Allez puiser à cette source sacrée, et vous deviendrez de grands législateurs, et l'empire que vous établirez sera assis sur les bases impérissables de l'amour de Dieu et du prochain.

Et toi, pauvre peuple, dont je sors, je connais tes souffrances et je les partage.....; dès ma plus tendre enfance, j'ai connu la misère, j'ai senti l'aiguillon de la faim ; j'ai mangé le pain de la pitié....., pain bien amer, tu le sais..... Oh oui ! pauvres souffreteux de ce monde, je suis réellement votre frère, et comme tel, j'ai le droit de vous tenir un langage de franchise et de fraternité.....Ecoutez-moi, donc, amis; réfléchissez sérieusement sur le contenu de cette première lettre, qui est comme une espèce de préface à ce que je me propose de vous faire connaître sur vos droits d'hommes libres et sur votre dignité d'enfants de Dieu....; sur vos droits que vous ne savez pas revendiquer avec intelligence, et sur votre dignité que vous ravalez par des plaisirs grossiers et par des habitudes vicieuses. Renoncez aux folles joies du cabaret. Le vin n'est que l'ami trompeur de l'homme.....; il trahit celui qui en fait un usage immodéré...... ; il le terrasse..... ; il le met au-dessous des animaux les plus immondes et il empoisonne à jamais son existence.

Frères, beaucoup d'entre vous ont déjà secoué le joug de la superstition sous lequel les dominateurs de la terre voulaient écraser la pensée...., dégagez-vous aussi des liens de la débauche...., c'est encore dans un but d'abrutissement intellectuel que les maîtres de ce monde ont laissé pulluler les maisons d'intempérance et de prostitution.

Frères, écoutez-moi, j'ai dit que je voulais devenir un nouvel apôtre de Jésus-Christ, je remplirai la mission que je me suis imposée, je vous consolerai, je vous instruirai...., je vous enseignerai les moyens d'être *plus riches que les riches*.. .; mais je ne vous louerai jamais....; redoutez ceux qui vous louent, comme ceux qui vous oppriment; voyez où ils vous laissent aller..... à la misère, au bagne et à l'échafaud.

Et vous, heureux de la terre, qui habitez de somptueuses demeures où surabondent le luxe et le confortable, tandis qu'une foule de vos frères n'ont point d'abri pour reposer leur tête..... je vous connais..... j'ai vécu parmi vous..... si j'ai mangé dans l'écuelle du pauvre, je me suis assis aussi à la table des riches et des puissants..... Oh! croyez-moi, ne vous laissez plus aveugler par l'orgueil..... revenez à des sentiments *d'égalité et de fraternité*; que ces préceptes divins ne soient point inscrits seulement sur la porte de vos temples et de vos lycées... . mais qu'ils s'incrustent dans vos cœurs, qu'ils pénètrent dans vos âmes. Oh! croyez-moi, conjurez l'orage qui peut encore écla'er sur nous tous..... détournez de nos têtes la foudre qui gronde encore au loin...., donnez à ceux qui n'ont pas...., consolez ceux qui souffrent...., couvrez de vêtements ceux qui sont dans la nudité...., portez la parole de l'espérance et du pardon sous la voute des cachots; apportez dans tout une loi de douceur et d'amour, et vous vous ferez nommer les bénis de l'Éternel.

Et vous tous, enfin, hommes de bonne volonté, que vous dirai-je de la part de Jésus-Christ?....: je vous crierai avec ce divin médecin des âmes...., veillez et priez sans cesse...., faites un appel incessant à votre raison et à votre conscience...., que votre cœur ne devienne point la proie de l'égoïsme qui le comprimerait et le dessécherait. Songez que vous n'êtes ici-bas que pour vous aimer les uns et les autres...., vous êtes venus au monde nus et vous vous en retournerez sans vêtements. Pourquoi donc, hommes intelligents au détriment des souffreteux et des pauvres d'esprit, amoncelleriez-vous des richesses qui doivent vous échapper d'un moment à l'autre....? car il est une chose certaine : vous mourrez.... votre corps deviendra la pâture des vers, tandis que votre âme immortelle retournera au principe éternel dont elle émane .... Oh! frères, ne vous amassez donc pas sur la terre des trésors que les larrons percent et emportent, que la rouille ronge et que les mites dévorent ; mais amassez-vous des trésors de science, de justice et d'amour qui vous suivront au-delà de la tombe..... comme les chrétiens primitifs persévérez dans la prière..... persévérez dans l'examen de conscience..... efforcez-vous continuellement de ne point faire aux autres ce que vous ne voudriez pas qui vous fût fait à vous-mêmes.....; alors vous deviendrez des hommes nouveaux, régénérés par le baptême de feu, le seul donnant la qualité de chrétiens....; alors, pour adorer Dieu en esprit et en vérité, vous n'aurez plus besoin de temple bâti par la main des hommes, vous serez vous-mêmes les temples vivants de l'Éternel et son esprit habitera en vous, et tous depuis le plus grand jusqu'au plus petit vous connaîtrez le Seigneur..... vous le verrez face à face, et alors vous découvrirez le véritable sens de ces paroles du Christ : *qui voit le Fils voit le Père..... moi et mon Père nous ne formons qu'un !....*

Adieu, frères, songez aux trois vertus qui doivent changer la face de la terre : la foi, l'espérance et la charité... Songez aussi à vos droits et à votre dignité..... Dans la constitution qui se prépare et dont la sanction définitive doit être soumise aux débats de l'Assemblée nationale, protestez contre les articles réactionnaires, mais sans emportement, avec le calme de vrais républicains ; *soyez prudents comme des serpents et doux comme des colombes.* Réclamez en faveur de la liberté professionnelle..... Demandez le droit au travail pour tous..., l'abolition du privilége... ; que la science enseignée ne s'oppose point à celle qui naît de l'inspiration ou d'un travail nouveau... Plus de ces sociétés prétendues savantes dans lesquelles les plus grands génies n'ont pu trouver place, et par lesquelles ils ont été traités de rêveurs et de fous. Rappelez-vous le sort des Galilée, des Christophe Colomb, des Fulton, des Hahnemann et de tous ces hommes providentiels dont les découvertes scientifiques ont été si utiles à l'humanité.

Réclamez la liberté entière des cultes, la liberté entière de la conscience, qui est la mère de toutes les autres... ; demandez à ce que les ministres des différents cultes soient salariés par leurs fidèles respectifs.. ; que l'État ne cherche point à faire de ces hommes de prière des instruments politiques, en les payant comme ses fonctionnaires... ; que l'État seulement protège tous les cultes ; qu'il veille à ce que les différentes sectes ne s'anathématisent point entre elles.... ; qu'elles ne troublent point la République.... ; qu'elles ne rompent point l'harmonie sociale.... ; que l'Assemblée constituante donne elle-même l'exemple de la piété, de la tolérance et de la charité chrétienne, en invitant les prêtres des différentes communions à venir tour à tour, dans son sein, appeler sur ses délibérations la bénédiction du père des peuples. Croyez-moi, tous les véritables apôtres de Jésus-Christ se feront un devoir de se rendre à ce saint appel, et de ce grand acte religieux sortiront des actes empreints de sagesse, de justice et d'amour.

Adieu, encore une fois, frères, je m'unis à vous par la communion de l'esprit de vérité, et je vous dis, dans toute la sincérité de mon cœur,

Salut et fraternité.

FIRMIN PRUD'HOMME.